Die Sage vom Traumfänger

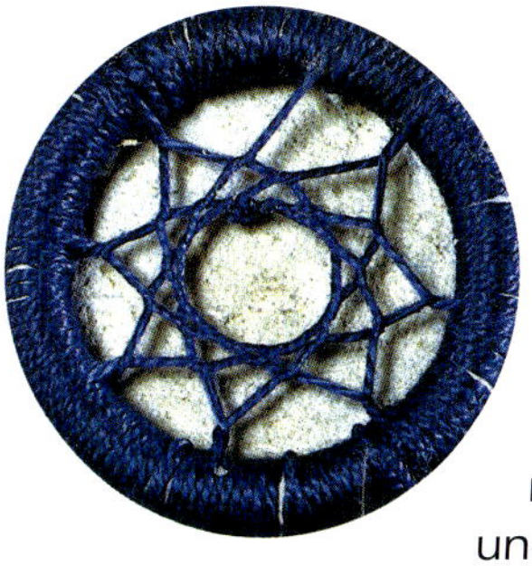

Vor langer, langer Zeit war eine Familie in ganz schwerer Not. Wohl führten sie ein gutes und im Geistigen begründetes Leben, aber ihre Nächte waren von schrecklichen Träumen und Visionen erfüllt. Der Vater, der keinen anderen Ausweg sah, nahm seine Medizinpfeife und ging, um Rat zu suchen beim großen Geist. Ruhig saß er auf einem offenen, mit Präriegras bestandenen Feld, rauchte dabei und lauschte dem Flüstern des Windes.

„Ich kann dir helfen", hörte er. „Wer sprach zu mir?", fragte der Vater. Als er um sich sah, bemerkte er eine große Spinne, die auf einem Grashalm saß. „Ich bin es, die dich angerufen hat. Ich habe eine Antwort auf deine Gebete. Ich will dich meine Medizin lehren. Die Verwirrungen in deinem Leben kommen nicht aus dir selbst, denn du führst ein gutes, im Geistigen begründetes Leben. Jene Geister um dich herum, die nicht in Harmonie leben, möchten, dass du zugrunde gehst. Es sind böse Geister, dem Chaos entstammend, die dich während deines Schlafes heimsuchen."

Während die Spinne dem Vater das alles sagte, war sie geschäftig, zog zwei Grashalme zueinander und band sie mit Spinnweben zusammen. „Du musst mir jetzt bestimmte Dinge bringen, damit ich dir helfen kann", sagte die Spinne.

Der Vater ging fort und brachte als er zurückkam die Dinge mit, welche die Spinne erbeten hatte. Zuerst legte er eine Adlerfeder in das Gewebe. „Diese Feder bedeutet die Luft und die Geister der Lüfte", sagte die Spinne. „Als Nächstes soll der Stein in das Gewebe gebracht werden, dieser Stein bedeutet den Geist der Erde. Dann lege die Muschel in das Gewebe, diese Muschel bedeutet den Geist des Meeres. Zum Schluss lege die Perlenschnur in das Gewebe. Diese Perlen wurden im Feuer gebildet und bedeuten die Geister des Feuers. Nun nimm diesen Fänger der Träume, der die Kraft der Erde, des Windes, des Feuers und Wassers in sich trägt. Hänge ihn über dein Bett und du wirst gut ruhen. Weil friedliche Geister sich in einer geraden Linie fortbewegen, werden sie in den Träumen zu dir kommen können. Aber die Geister chaotischen Ursprungs können auf gerader Linie nicht vorankommen und werden in dem Gewebe eingefangen, wo sie festgehalten werden bis die ersten Strahlen der Sonne sie ver

Impressum:

© 2003 Bücherzauber Verlag, 41540 Dormagen

ISBN: 3-935997-47-7 Best.-Nr.: 97477

Fotos: Peter Wirtz, Dormagen
Styling: Angelika Nowotny
Grafik/Zeichnungen: Daria Broda
Lithos: IMS Integrated Media Solutions GmbH, Köln
Layout/Satz/Bildbearbeitung: Marion Haustein, Dormagen
Druck: Grenz-Echo, Eupen www.grenzecho.be

3. Auflage 2004

Vorwort

Traumfänger werden schon seit langer Zeit in der Tradition der Sioux- und Ojibwaindianer Nordamerikas sowie in Australien von den Aboriginies hergestellt. Traumfänger gibt es in zahlreichen Formen, Materialien und Farben. Nach dem Glauben der Indianer fängt ein Traumfänger die nächtlichen Träume. Er wird übers Bett in der Nähe des Fensters gehängt. Wenn Sie einen Traumfänger traditionell nutzen möchten, muss dieser einmal im halben Jahr unter fließendem Wasser gereinigt werden. Nach einem Jahr sollte er spätestens erneuert werden, falls keine Reinigung erfolgt. Ohne diese Reinigung würde er seine Kraft verlieren. Ich wünsche Ihnen nun gutes Gelingen und schöne Träume.

Barbara Gilli

Barbara Gilli

Danke!

Der Firma Knorr/Prandell danke ich für die Bereitstellung einiger Materialien.

Material & Werkzeug

Material

* **Reifen** z.B. aus Holz, Metall oder Plastik
* **Kettgarn, Lederriemen, Gummikordel oder verschiedene bunte Garne** für das Netz
* **Jutegarn, Satinband, Lederband, Lederreste oder Garn**, um die Reifen zu umwickeln
* **Federn** verschiedener Art und Größe
* **Holzperlen, Glasperlen, Ethnoperlen**

Werkzeug

* **Schere**
* **Klebstoff**
* **Maßband**

So wird's gemacht!

1. Zu Beginn etwas Klebstoff auf den Reifen geben und das Band damit befestigen. Den Reifen gleichmäßig umwickeln und am Ende das Band fixieren. Das übrige Band zum Aufhängen nutzen.

2. Für das Netz das eine Ende des Garns oder Lederbandes am Reifen festknoten und ca. 5 cm hängen lassen. Das Netz beginnen, indem das Garn von vorne nach hinten über den Reifen und dann durch die Schlaufe, die sich dadurch gebildet hat, geführt wird. Diesen Vorgang so oft wiederholen, bis der Reifen einmal umrundet ist. Etwa eine halbe bis eine Schlaufenbreite vor dem Anfang die letzte Schlaufe am Reifen bilden.

3. Nun das Garn oder Lederband von oben nach unten durch die erste Schlaufe ziehen. Diesen Vorgang so oft wiederholen, bis sich das Netz schließt oder man aufhören möchte. Das ganze Netz sollte immer straff gearbeitet werden. Wird zu locker gearbeitet, hat das Netz nicht seine schöne Wirkung.

4. Während das Netz gespannt wird, kann man Perlen mit einarbeiten. Die Perle vor dem Einfädeln in die nächste Schlaufe aufnehmen. Die Perle kann lose im Netz hängen oder mit einem Klebepunkt an einer beliebigen Stelle fixiert werden.

5. Am Ende des Netzes das Garn- oder Lederbandende in einer Schlaufe fest verknoten. Den Knoten mit einem Klebepunkt festigen, damit er sich nicht lösen kann, wenn das überstehende Ende abgeschnitten wird. Mit dem ca. 5 cm langen Stück Garn, das am Beginn beim Befestigen hängen gelassen wurde, das fehlende erste Dreieck im Netz bilden. Einfach dort festknoten, wo das Dreieck am schönsten wird.

6. Abschließend den Traumfänger mit Perlen, Federn oder einem Klangspiel schmücken. Die Verzierungen mit Garn oder einem Lederband befestigen. Die Federn können ins Netz geklebt oder in die Perlenöffnung gesteckt werden.

Ein Traum aus Leder

Material

- Metallring, Ø 18 cm
- Lederreste
- schwarzes oder weißes Lederband, Ø 1 mm, 6 m lang
- 7 Ethnoperlen
- Perlhuhnfedern

Die Lederreste über den Ring legen, eventuell etwas festkleben und mit einem etwa 2 m langen Lederband umwickeln. Das Lederband am Ende verknoten. Mit einem Lederband von 3 m Länge das Netz wie auf Seite 5 beschrieben spannen. Die Schlaufen in der ersten Reihe haben einen Abstand von etwa 5 cm. Zwischendurch nach Belieben die Ethnoperlen sowie einige Lederreste einarbeiten. Drei Ethnoperlen mit Lederbändern im Abstand von 10 cm im unteren Bereich des Ringes befestigen und Perlhuhnfedern in die Perlen stecken. (Diese Beschreibung gilt auch für den Traumfänger von Seite 31.)

Nun kann der Traumfänger
mit einem Rest des Lederbandes in der Nähe
des Bettes aufhängt werden

3er-Traum

Material

- Metallring, Ø 14 cm, Ø 9 cm, Ø 6 cm
- schwarzes Lederband, Ø 2 mm, 7,50 m lang
- weißes Kettgarn, 4,50 m lang
- schwarze Holzperlen: 9 x Ø 10 mm, 1 x Ø 6 mm
- Perlhuhnfedern

Mit einem 4 m langen Lederband den Metallring von 14 cm Durchmesser umwinden. Den Metallring von 9 cm Durchmesser mit einem 2 m langen Lederband umwickeln und für den 6 cm großen Metallring ein etwa 1,30 m langes Lederband nutzen. Das Netz mit Kettgarn bilden. Etwas Klebstoff auf die Garnenden geben, um das Aufdrehen des Garnes zu verhindern.

Für den Metallring mit 14 cm Durchmesser 2,30 m Kettgarn abschneiden. Das Netz wie auf Seite 5 beschrieben spannen. Die Schlaufen in der ersten Reihe mit einem Abstand von ca. 4,5 cm bilden. In der letzten Reihe eine schwarze Perle mit einarbeiten. Für den 9 cm großen Metallring Kettgarn mit einer Länge von 1,50 m nutzen. Die Schlaufen mit einem Abstand von etwa 3 cm legen. Auch hier am Ende des Netzes eine schwarze Holzperle mit einarbeiten. Etwa 1,20 m Kettgarn werden für den 6 cm großen Metallring benötigt. Die erste Schlaufenreihe hat einen Abstand von etwa 1,5 cm. Hier eine Holzperle von 6 mm am Ende des Netzes einarbeiten.

Die drei fertigen Ringe der Größe nach mit Kettgarn untereinander hängen. An den beiden großen Ringen je zwei Perlen laut Abbildung mit Kettgarn befestigen. Am kleinen Ring drei Perlen am unteren Ende anknoten. In jede Perlenöffnung zur Verzierung Federn stecken und festkleben.

Schlaf, Kindlein schlaf!

Material

- Metallring, Ø 12 cm
- rosa oder hellblaues Satinband, 6 mm breit, 1 m lang
- weiße oder blaue Holzperlen: Ø 6 mm, Ø 8 mm
- weißes Kettgarn, 2 m lang
- rosa oder hellblaue Marabufedern

Zu Beginn den Metallring mit Satinband umwickeln. Das Satinband bitte nicht überschneidend aufwickeln. Ein Meter Band ist ansonsten nicht ausreichend und der Ring wird zu dick. Auf die Enden des weißen Kettgarns etwas Kleber geben, um das Aufdrehen des Garns zu verhindern. Den Kleber trocknen lassen. Anschließend das Netz laut Grundanleitung von Seite 5 spannen.

Die Holzperlen nach Belieben ins Netz einarbeiten. Zwei kurze und drei ca. 40 cm lange Stücke Kettgarn abschneiden. Die kurzen Stücke rechts und links am Ring anknoten und damit je eine Perle und Federn am Ring befestigen. Im unteren Bereich des Ringes die langen Stücke Kettgarn doppelt gelegt anbinden und je vier Perlen auffädeln. Die Perlen in gleichmäßigem Abstand mit Kleber fixieren und Federn in die Perlenöffnungen schieben.

Blauer Traum

Material

- Metallringe: Ø 46 cm, Ø 9 cm, 3 x Ø 7 cm
- blaues Satinband: 6 mm breit, 8 m lang
- weißes Kettgarn, 12 m lang
- blaue Perlhuhnfedern
- blaue Holzperlen, 7 x Ø 8 mm
- marinefarbene Holzperlen, 7 x Ø 10 mm

Den großen Metallring mit 4 m Satinband, den 9 cm großen Ring mit 80 cm und die 7 cm großen Ringe mit je 60 cm Band umwickeln. Das Satinband beim Wickeln nebeneinander legen. Liegt das Band übereinander, wird die Wicklung zu dick und ungleichmäßig und das Satinband würde nicht ausreichen. Das Netz wie auf Seite 5 beschrieben mit dem Kettgarn in die kleinen Ringe spannen. Um das Aufdrehen des Garnes zu verhindern, etwas Klebstoff auf die Enden geben. Die Garnenden mit dem getrockneten Kleber wirken wie Nadeln und lassen sich besser verarbeiten.

Nun das Netz im 9 cm Metallring spannen und dabei sieben 8 mm große Holzperlen einarbeiten. Anschließend mit 7 m Kettgarn das Netz des großen Ringes spannen. An beliebiger Stelle drei marinefarbene 10 mm dicke Holzperlen einarbeiten. Beim Erreichen der Mitte den 9 cm großen Metallring einarbeiten, indem Sie ihn mit Kettgarn umwickeln. Das Kettgarn verknoten. Die drei 7 cm großen Metallringe im unteren Bereich des großen Ringes mit Satinband aufhängen. Je Ring zwei blaue Federn ins Netz der kleinen Ringe kleben. An den Seiten des großen Ringes je eine große und eine kleine marinefarbene Holzperle mit Kettgarn anbinden. Zur Verzierung Federn in die Perlen einschieben und festkleben.

Traum in Rot

Material

- Metallring, Ø 18 cm
- braunes Lederband, Ø 1 mm, 2,5 m lang
- rotes Jutegarn, Ø 2,5 mm, 3,50 m lang
- rote Holzperlen, 14 x Ø 10 mm
- schwarze Holzperlen, 4 x Ø 10 mm
- naturfarbene Holzperlen, 5 x Ø 15 mm
- braune Hühnerfedern

Zunächst den Metallring mit rotem Jutegarn umwickeln. Das Netz laut Grundanleitung von Seite 5 spannen. In der letzten Reihe die roten Perlen mit einarbeiten. In jede Perle Federn stecken und festkleben.

Im unteren Bereich drei ca. 10 cm lange Lederbänder in gleichmäßigem Abstand so um den Ring legen, dass die Enden beidseitig 5 cm herunterhängen. Je eine schwarze, naturfarbene und rote Holzperle auf beide Lederbandenden gleichzeitig auffädeln. In die unteren Perlen Federn kleben.

Rotes Juteband in der oberen Mitte als Aufhängung anknoten. Zum Schluss die restlichen Holzperlen auf das Aufhängeband fädeln.

Ein Traum von einer Kette

Material
- Plastikring, Ø 42 mm
- blaues oder braunes Pearl Cotton, 5 m
- 2 goldene oder silberne Metallrohrperlen, 4,5 x 6 mm
- weiße oder braune Hühnerfedern

Den Plastikring mit Pearl Cotton umwickeln und mit Klebstoff fixieren. Nach dem Aufwickeln das Pearl Cotton nicht abschneiden, sondern gleich das Netz damit wie auf Seite 5 beschrieben weiter spannen. Die Schlaufen der erste Reihe haben einen Abstand von ca. 1 cm. Etwas Garn für den Hals befestigen und eine Metallrohrperle darauf fädeln. Im unteren Bereich ein kurzes Stück Garn und eine Metallrohrperle befestigen und mit Federn schmücken.

Talisman

Material
- Holzring, Ø 5,50 cm
- naturfarbenes oder blaues Jutegarn, Ø 2,5 mm, 2 m lang
- 5 goldene oder silberne Metallrohrperlen, 4,5 x 6 mm
- rote oder blaue Gummikordel, 2 m lang
- rote oder blaue Federn

Zu Beginn den Holzring mit Jutegarn umwickeln. Das Netz laut Grundanleitung von Seite 5 mit der Gummikordel spannen. Einen Aufhänger aus Gummikordel befestigen und zwei Metallrohrperlen auffädeln. Im unteren Bereich des Ringes nebeneinander mit der Gummikordel je eine Metallrohrperle anknoten und Federn zur Verzierung darin befestigen.

Fertig ist ein hübscher Glücksbringer

Schmuck

Material
- 2-facher Halsreif
- 5 silberne Metallkreise, Ø 20 mm
- silberne Quetschkalotten
- silberne Quetschperlen
- Rocailles: Ø 2,5 mm, maisgelb matt, silber
- braune Rocailles: Ø 4 mm
- 2 silberne Ohrhaken
- Stahldraht, Ø 0,8 mm, 30 cm lang
- 1 silberner Karabinerverschluss
- braune Hühnerfedern

Ohrringe

Für die Ohrringe ca. 6 cm Draht abschneiden und an einem Ende eine Quetschperle befestigen. Die Quetschkalotte darüber schieben und zudrücken. Den Ohrhaken einhängen. Den Draht durch eine Öffnung des Metallkreises ziehen und zwei maisgelbe, eine silberne, eine braune, eine silberne sowie zwei maisgelbe Rocailles auffädeln. Den Draht durch die gegenüberliegende Öffnung wieder aus dem Metallring herausziehen und eine braune Rocailles auffädeln. Mit einer Quetschperle fixieren und mit Federn verzieren. Mit dem zweiten Ohrring genauso verfahren.

Kette

Zunächst eine silberne, eine braune, eine silberne und drei maisgelbe Rocailles auf den Halsreif auffädeln. Diesen Vorgang wiederholen bis der Halsreif voll mit Rocailles ist. Beim zweiten Halsreif genauso verfahren, aber anstelle von drei maisgelben Rocailles sechs auffädeln. Anschließend den Karabinerverschluss befestigen. Drei Stahldrähte im unteren Bereich um den Halsreif wickeln und mit einer Quetschperle befestigen.

Auf den mittleren Draht drei silberne, eine maisgelbe und wieder drei silberne Rocailles auffädeln. Durch eine Öffnung im Metallkreis den Draht durchführen und zwei maisgelbe, eine silberne, eine braune, eine silberne und wieder zwei maisgelbe Rocailles auffädeln. Durch die gegenüberliegende Öffnung im Metallkreis den Draht wieder herausfädeln. Eine braune Rocaille aufnehmen und abschließend mit einer Quetschperle fixieren. Mit einer Feder verzieren.

Auf die äußeren Drähte je eine maisgelbe und eine silberne Rocaille fädeln und durch eine Öffnung im Metallkreis ziehen. Nun zwei maisgelbe, eine silberne, eine braune, eine silberne sowie zwei maisgelbe Rocailles auffädeln und den Draht durch die gegenüberliegende Öffnung des Metallkreises herausziehen. Als Abschluss eine braune Rocaille auffädeln und mit einer Quetschperle fixieren sowie mit Federn verzieren.

Gürtel

Material

- Lederband: Ø 2 mm, 4 x 3 m
- 4 runde Ethnoperlen, Ø 1,5 cm
- 4 ovale Ethnoperlen, Ø 2 cm
- 3 Ethnoscheibenperlen, Ø 5 cm

Der Knoten, mit dem der Gürtel gefertigt wird, heißt Flechtknoten. Den Gürtel von der Mitte aus beginnen. Vier Lederbänder nebeneinander legen. Das äußere linke Band nach rechts unter den zwei mittleren Bänder hindurchführen und auf das äußere rechte Band legen.

Nun dieses äußere rechte Band über das mittlere rechte, unter das von links nach rechts gelegte Band hindurch und über das mittlere linke Lederband und wieder unter dem nach rechts gelegten Band nach links hinausführen.

(Fortsetzung auf Seite 32)

Dieses nun links liegende hinausgeführte Band wie zu Beginn wieder von links nach rechts unter den beiden mittleren Bändern hindurchführen. Nun ragen zwei Lederbänder rechts heraus. Das obere Band, wie oben beschrieben, wieder nach links durch die Bänder hindurchführen und so fortfahren. Den Gürtel locker arbeiten.

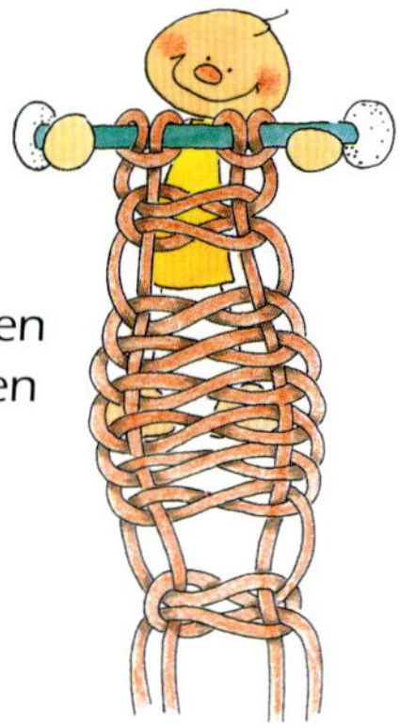

Drei Flechtknoten legen, etwas Abstand lassen, vier Flechtknoten arbeiten, wieder etwas Abstand lassen und drei Flechtknoten flechten.

Anschließend eine große Ethnoperle einarbeiten. Die beiden mittleren Lederbänder von oben durch die Perle führen. Die beiden äußeren Lederbänder von unten durch die Perle leiten. Auf der gegenüberliegenden Seite der Perle mit den Flechtknoten fortfahren. Die Vorgänge so oft wiederholen, bis der Gürtel um die Taille passt. Als Abschluss an die Lederbandenden die kleinen runden und ovalen Ethnoperlen knoten.

Die Beschreibung für den
Traumfänger finden Sie auf Seite 6.

Weitere Titel aus unserem Programm:

DIN A5 · 32 Seiten
ISBN: 3-935997-22-1

DIN A5 · 32 Seiten
ISBN: 3-935997-34-5

DIN A5 · 32 Seiten
ISBN: 3-934757-59-6

DIN A5 · 32 Seiten
ISBN: 3-934757-95-2

DIN A5 · 32 Seiten
ISBN: 3-934757-92-8

DIN A4 · 48 Seiten
ISBN: 3-934757-99-5

BÜCHERZAUBER VERLAG
Benzstraße 13 · 41540 Dormagen
Telefon: 02133/428 105
Fax: 02133/428 106
E-Mail: buecherzauber@t-online.de
http://www.buecherzauber.de

Sollten Sie Fragen zu weiteren Titeln, Materialien oder Anleitungen haben, freuen wir uns über Ihren Anruf oder Ihr Fax. Auch wenn Sie Ideen zu neuen Büchern haben oder selbst Autor/in werden möchten, lassen Sie uns Ihre Anregungen schriftlich zukommen.

Bestell-Nr. 97477

Traumfänger mit Perlen, Federn und Lederbändern verziert sind immer ein hübscher Blickfang. In diesem Buch finden Sie zahlreiche Anregungen, die beliebte Tradition der Ureinwohner Nordamerikas und Australiens nachzuarbeiten sowie Schmuckstücke und Gürtel im Traumfänger-Stil.

ISBN 3-935997-47-7

9 783935 997478

€ 6,60 / sfr 12,90

BÜCHERZAUBER VERLAG

TOPP

Annette Bayer

Konfirmation

NEUE IDEEN FÜR

- *Karten*
- *Tischdekorationen*
- *Geldgeschenke*

Mit Vorlagen in Originalgröße

Elke

GEPRÄGTES KREUZ

- *Glatter oder geprägter Fotokarton in Rot und Weiß*
- *Tonpapier in Orange*
- *Kordel in Orange*
- *Dünne Kordel in Gold*
- *Seidenpapier in Orange*
- *Blumenfolie*
- *Goldstift*
- *Klebefilm*
- *Metallschablone „Kreuz" (z. B. von Hobbidee: Nr. 07-028 20)*
- *Prägestift*
- *Evtl. Leuchttisch*
- *Stencil-Color in Rot, Sonnengelb und Gold (oder kleine Pigment-Stempelkissen, 2 cm x 2 cm)*
- *Fixierspray*
- *Embossing-Stempelkissen, transparent*
- *Embossing-Pulver in Gold*
- *Stempel: „Menü" (CMB: I 12 202), „Einladung" (CMB: H 14 902), „Herzlichen Dank" (CMB: E 13 201)*

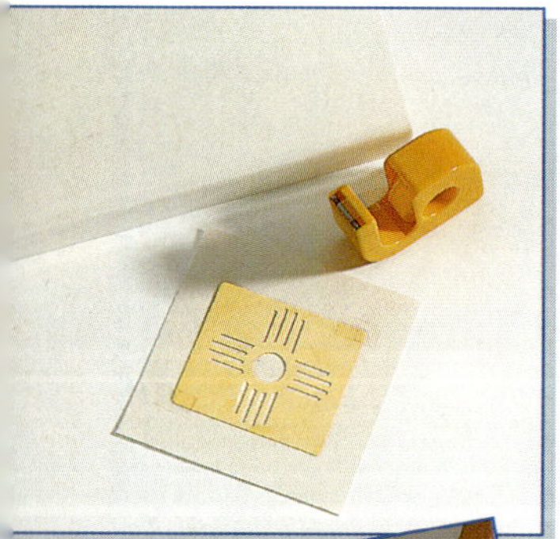

Papier prägen

1

Die Metallschablone auf der Vorderseite des Papiers vorsichtig mit Klebeband befestigen. Mit der Vorderseite, d. h. der Schablone, nach unten auf einen im Fachhandel erhältlichen Leuchttisch, eine von unten beleuchtete Glasplatte oder gegen eine Fensterscheibe (Tageslicht) legen.

2

Auf der Rückseite des Papiers die Konturen mit dem Prägestift nachfahren. So wird das Papier durch die Schablonenöffnungen gedrückt und das Motiv eingeprägt.

MENÜKARTE

Aus rotem Fotokarton ein Rechteck von 30 cm x 21 cm, aus orangefarbenem Tonpapier ein Einlegeblatt von 29,5 cm x 21 cm zuschneiden.
Roten Fotokarton zur hochformatigen Karte falten. Den Schriftzug auf die Kartenvorderseite stempeln (siehe Vorlage und Seite 6).
Das Kreuz in den weißen Fotokarton prägen, mit den kleinen Stempelkissen das Quadrat direkt bedrucken, mit Fixierspray besprühen und nach dem Trocknen auf die Karte kleben.
Das Einlegeblatt falten, beschriften und in die

SEBASTIAN
MENÜ

Karte legen oder kleben. Die orangefarbene Kordel einknoten.

TISCH-KARTE

Aus rotem Fotokarton einen Streifen von 7 cm x 22 cm, aus weißem Fotokarton ein Quadrat von 6 cm x 6 cm zuschneiden.
Den roten Streifen zur hochformatigen Tischkarte falten.
Das weiße Quadrat mit den kleinen Stempelkissen direkt bedrucken und die Farbe mit dem Spray fixieren.
Den Namen mit dem Goldstift auf orangefarbenes Tonpapier schreiben und dieses passend zuschneiden (siehe Seite 5).
Bedrucktes Quadrat und Namenszug auf die Tischkarte kleben (Platzierung siehe Vorlage).

EINLADUNGS- UND DANKE-KARTE

Aus rotem Fotokarton ein Rechteck von 25 cm x 10 cm, aus orangefarbenem Tonpapier ein Einlegeblatt von 22 cm x 10 cm und aus weißem Fotokarton ein 8 cm x 8 cm großes Quadrat zuschneiden. Rotes Rechteck

und orangefarbenes Einlegeblatt der Vorlage entsprechend falten und den Schriftstempel positionieren. Den Schriftzug aufstempeln (siehe Seite 6).
Das Kreuz in den weißen Fotokarton prägen (siehe Seite 20) und mit den kleinen Stempelkissen direkt bedrucken. Abschließend mit Fixierspray besprühen.

Das Einlegeblatt nach dem Beschriften in die Karte und das Kreuzmotiv nach dem Trocknen auf die Karte kleben (siehe Vorlage).

GESCHENKANHÄNGER

Aus rotem Fotokarton einen Streifen von 20 cm x 7 cm, aus orangefarbenem Tonpapier ein Einlegeblatt von 19,5 cm x 7 cm und aus weißem Fotokarton ein Quadrat von 6 cm x 6 cm zuschneiden. Roten Streifen und Einlegeblatt falten.
Den Schriftstempel auf der Vorderseite des Anhängers positionieren (siehe Vorlage und Seite 6).
Weißes Quadrat mit den kleinen Stempelkissen bedrucken und die Farbe mit dem Spray fixieren.
Nach dem Trocknen auf den Anhänger kleben.
Das Einlegeblatt beschriften, in den Anhänger legen oder kleben und die Goldkordel einbinden.

DEN DANKE-ANHÄNGER KÖNNEN SIE AN EINE KLEINE FLASCHE SEKT ODER WEIN, EINE TAFEL SCHOKOLADE ODER PRALINEN, EINE SCHÖNE ROSE ODER EINE KERZE BINDEN.
DIESE VORSCHLÄGE SIND EINE ALTERNATIVE ZU DEM IN MANCHEN GEGENDEN ÜBLICHEN KUCHENTELLER, MIT DEM MAN SICH BEI NACHBARN UND BEKANNTEN FÜR EIN GESCHENK AN DER HAUSTÜR BEDANKT. SIE HABEN DEN VORTEIL, DASS MAN SIE OHNE ZEITDRUCK LANGE VOR DEM FEST VORBEREITEN KANN.

Herzlichen DANK
Herzlichen DANK
Herzlichen DANK
Herzlichen DANK

Geflochtenes Kreuz

- *Glatter oder geprägter Fotokarton in Lila, Türkis und Rosa*
- *Tonpapier in Türkis und Rosa*
- *Rest Wellpappe, Moosgummi oder Ähnliches*
- *Schleifenband in Lila und Grün, 15 mm breit*
- *Schmales Satinband in Rosa*
- *Filzstift in Lila*
- *Embossing-Stempelkissen, transparent*
- *Embossing-Pulver in Türkis*
- *Stempel: „Herzliche Wünsche" (U: 7 / 10 358), „Einladung zur Konfirmation" (CMB: H 11 602)*

Einladungskarte

Aus türkisfarbenem Fotokarton ein Rechteck von 20 cm x 14,5 cm, aus rosa Tonpapier ein Rechteck von 9,8 cm x 14,5 cm und ein Einlegeblatt von 19,5 cm x 14,5 cm zuschneiden. Den türkisfarbenen Fotokarton zur Karte falten. Auf der Kartenvorderseite der Vorlage entsprechend einen Ausschnitt von 6 cm x 6 cm herausschneiden. Von dem rosa Band zweimal 8 cm, von dem lila Band dreimal 8 cm und von dem grünen Band einmal 8 cm abschneiden. Die Bänder auf der Karteninnenseite hinter den Ausschnitt kleben (Einteilung siehe Vorlage), zunächst nur auf einer Seite fixieren, damit die Bänder „verwoben" werden können (Beginn siehe Menükarte).
Als Farbhintergrund und zum Versäubern der Klebestellen wird das 9,8 cm x 14,5 cm große, rosa Rechteck hinter den Ausschnitt geklebt. Den Text auf rosa Fotokarton stempeln (siehe Seite 6), diesen um den Schriftzug herum in Form reißen (siehe Seite 5) und auf die Karte kleben. Das Einlegeblatt falten, beschriften und in die Karte kleben.

Menükarte

Aus lila Fotokarton ein Quadrat von 20 cm x 20 cm, aus türkisfarbenem Tonpapier ein Rechteck von 9,8 cm x 20 cm und ein Einlegeblatt von 19,5 cm x 20 cm zuschneiden. Das lila Quadrat zur hochformatigen Karte falten. Aus der Kartenvorderseite nach Vorlage ein Rechteck von 4 cm x 12 cm herausschneiden. Von dem rosa und dem lila Band je einmal 6 cm und 14 cm, von dem grünen Band zweimal 6 cm abschneiden. Auf der Karteninnenseite die Bänder der Vorlage entsprechend hinter den Ausschnitt kleben, mit dem waagrechten, rosa Satinband beginnen.
Als Farbhintergrund und zum Versäubern der Klebestellen das 9,8 cm x 20 cm große, türkisfarbene Rechteck hinter den Ausschnitt kleben.

MENÜ
JRENE

Mit lila Filzstift „Menü" auf türkisfarbenes Tonpapier schreiben und das Papier um das Wort herum in Form reißen (siehe Seite 5).
Um eine plastische Wirkung zu erzielen, die gerissene Form mit einem Stückchen Wellpappe, Moosgummi oder Ähnlichem hinterkleben und auf der Kartenvorderseite fixieren.
Das Einlegeblatt falten, beschriften und einkleben.

TISCHKARTE

Aus lila Fotokarton ein Rechteck von 10 cm x 16 cm, aus türkisfarbenem Tonpapier ein Rechteck von 9 cm x 7 cm zuschneiden. Das lila Rechteck zur querformatigen Tischkarte falten. Aus der Kartenvorderseite nach Vorlage einen Ausschnitt von 4 cm x 4 cm herausschneiden.
Von dem rosa und dem lila Band je zweimal 6 cm und von dem grünen Band einmal 6 cm abschneiden. Auf der Karteninnenseite die Bänder nach Vorlage hinter den Ausschnitt kleben (Beginn siehe Menükarte). Als Farbhintergrund und zum Versäubern der Klebestellen das türkisfarbene Rechteck fixieren. Zum Namenszug siehe Menükarte.

LILA GELDGESCHENK-KARTE

Aus lila Fotokarton ein Quadrat von 20 cm x 20 cm und ein Rechteck von 9,8 cm x 20 cm, aus türkisfarbenem Tonpapier ein Einlegeblatt von 19,5 cm x 20 cm zuschneiden. Das lila Quadrat zur hochformatigen Karte falten. Auf der Kartenvorderseite nach Vorlage einen Ausschnitt von 6 cm x 12 cm herausschneiden. Aus dem 9,8 cm x 20 cm großen Rechteck einen ebenso großen Ausschnitt deckungsgleich ausschneiden. Von dem rosa und dem lila Band jeweils viermal 8 cm abschneiden. Zuerst das rosa, dann das lila Band hinter den Ausschnitt kleben (Einteilung siehe Vorlage). Dabei das Band nicht zu straff ziehen, damit die Geldscheine eingeflochten werden können. Zum Versäubern der Klebestellen den Rahmen aus lila Fotokarton aufkleben. Den Text auf rosa Fotokarton stempeln (siehe Seite 6), diesen um den Schriftzug herum in Form reißen (siehe Seite 5) und auf die Karte kleben. Weitere Arbeitsschritte siehe Einladungskarte, Seite 24. Die Geldscheine zu ca. 2 cm breiten Streifen falten und einflechten.

TÜRKISFARBENE GELDGESCHENK-KARTE

Aus türkisfarbenem Fotokarton ein Rechteck von 29 cm x 10 cm und ein Rechteck von 14,3 cm x10 cm, aus türkisfarbenem Tonpapier ein Einlegeblatt von 28,5 cm x 10 cm zuschneiden. Das 29 cm x 10 cm große Rechteck zur Karte falten. Aus der Kartenvorderseite nach Vorlage ein 9,5 cm x 5 cm großes Rechteck herausschneiden. Aus dem 14,3 cm x 10 cm großen Rechteck einen ebenso großen Ausschnitt deckungsgleich ausschneiden.
Von dem rosa Band einmal 7 cm und einmal 11,5 cm, von dem lila Band dreimal 7 cm und einmal 11,5 cm abschneiden. Die Bänder hinter den Ausschnitt kleben (Einteilung siehe Vorlage), mit den beiden äußeren senkrechten lila Bändern beginnen. Dabei das Band nicht zu straff ziehen, damit die Geldscheine eingeflochten werden können. Zum Versäubern der Klebestellen den Rahmen aus türkisfarbenem Fotokarton aufkleben. Weitere Arbeitsschritte siehe lila Geldgeschenk-Karte.

Herzliche Wünsche
zur
Konfirmation
Herzliche Wünsche
zur
Konfirmation

Menü
Anne

Traum in Holz

Material

- Holzreifen, Ø 20 cm
- naturfarbene Holzperlen:
  7 x Ø 15 mm, 8 x Ø 10 mm
- braunes Lederband, Ø 1 mm, 4 m lang
- Hühnerfedern

Mit einem 3 m langen Lederband das Netz wie auf Seite 5 beschrieben fertigen. Je eine 15 mm und 10 mm Holzperle mit einarbeiten. Zwei kurze und drei etwas längere Lederbänder abschneiden. Mit den zwei kurzen Bändern links und rechts am Reifen je eine Perle befestigen. Die drei längeren Stücke im unteren Bereich des Ringes anknoten und jeweils eine 15 mm Perle und zwei 10 mm Perlen daran befestigen. In jede Perlenöffnung Federn kleben.

Den Rest des Lederbandes in der oberen Mitte des Reifens zum Aufhängen befestigen und mit je einer 10 und 15 mm Holzperle verzieren.

Ring in Ring

Material
* Metallring: Ø 18 cm, Ø 12 cm
* blaues Jutegarn, Ø 2,5 mm, 6,20 m lang
* weißes Kettgarn, 3,50 m lang
* blaue Holzperlen, 6 x Ø 10 mm, 4 x Ø 12 mm
* silberfarbene Holzperlen, 7 x Ø 8 mm
* Perlhuhnfedern: blau, natur

Den großen Metallring mit 3,50 m des blauen Jutegarns umwickeln. Für den 12 cm großen Metallring benötigen Sie 2 m. Mit einem 2 m langen Kettgarn das Netz laut Grundanleitung von Seite 5 im kleinen Ring fertigen. Um das Aufdrehen des Garnes zu verhindern, etwas Klebstoff auf die Enden des Garns geben. Ist der Kleber getrocknet, wirken die Garnenden wie Nadeln.

Nun drei blaue 10 mm und vier silberne 8 mm Holzperlen einarbeiten. Anschließend den kleinen Ring in den großen legen und beide Ringe an einer Seite einige Male umwickeln, damit sie verbunden sind. Nun das Netz zwischen dem äußeren und dem inneren Ring mit dem Kettgarn fertigen. Die Enden miteinander verknoten. Im unteren Bereich des großen Ringes drei ca. 40 cm lange Stücke Kettgarn mit jeweils einer 12 mm und einer 10 mm großen blauen Holzperle und einer 6 mm großen silbernen Holzperle laut Abbildung befestigen. In jede Perle Federn stecken und festkleben. Eine kleine Feder in das Netz des 12 cm Ringes kleben.

Ein Stück Jutegarn als Aufhängung am Traumfänger anknoten und zum Schluss eine blaue 12 mm große Holzperle als Verzierung auffädeln.

Traum in Lila

Material
- Metallring, Ø 18 cm
- weißes Kettgarn, 3 m
- lila Edelbast, 3 m
- hellviolette Holzperlen:
  1 x Ø 10 mm, 7 x Ø 12 mm, 3 x Ø 15 mm
- lila Holzperlen: 1 x Ø 12 mm, 7 x Ø 10 mm
- lila Perlhuhnfedern

Zunächst den Metallring mit dem lilafarbenen Bast umwickeln. Nun das Netz mit dem Kettgarn laut Grundanleitung von Seite 5 spannen. Um das Aufdrehen des Garnes zu verhindern, etwas Klebstoff auf die Enden geben. Die Schlaufen der ersten Reihe haben einen Abstand von ca. 5 cm. Eine 10 mm und vier 12 mm große hellviolette sowie eine 12 mm und zwei 10 mm große lila Holzperlen in das Netz einarbeiten.

Im unteren Bereich des Ringes drei längere Stücke Edelbast befestigen und die restlichen Perlen in abwechselnder Farbfolge darauf mit Knoten oder Klebstoff fixieren. Anschließend Federn in die Perlen stecken und festkleben.

Auf das Aufhängeband drei hellviolette und zwei lila Holzperlen ebenfalls in wechselnder Farbfolge und nach Größe sortiert auffädeln. Zum Schluss in der Mitte des Netzes zwei Federn als Verzierung in die Perlen stecken.

Traum in Weiß

Material

- 2 Metallringe, Ø 12 cm
- weißes Satinband, 6 mm breit, 2,50 m lang
- weißes Kettgarn, 4 m lang
- transparente irisierende Rocailles, Ø 5 mm
- Federn: weiß, apricot

Beide Metallringe mit je 1 m Satinband so umwickeln, dass das Band nicht übereinander liegt. Wird zu eng gewickelt, ist das Resultat nicht so schön und ein Meter Satinband würde nicht ausreichen. Das Netz laut Grundanleitung von Seite 5 spannen und in der letzten Reihe die Rocailles mit einarbeiten. Die Enden des Garns mit Klebstoff versiegeln, um das Aufdrehen zu verhindern. Der Abstand der Schlaufen in der ersten Reihe beträgt ca. 3,5 cm.

Anschließend beide Ringe ca. 1 cm übereinanderlegen und mit Satinband umwickeln, sodass die Ringe verbunden sind. Das Satinband an der Rückseite festkleben. Fünf kurze Stücke Kettgarn an beiden Ringen im unteren Bereich und seitlich anknoten. Je zwei Rocailles und Federn daran befestigen. Die obere Schnittstelle der beiden Ringe ebenfalls mit einigen Federn schmücken.

Das restliche Satinband zum Aufhängen an beiden Ringen laut Abbildung befestigen.

Fertig ist ein Traumfänger für ein verliebtes Paar!